LAS L...

El amor de Beatriz

© 2002 - **ELI** s.r.l.
P.O. Box 6 - Recanati - Italia
Tel. +39/071/75 07 01 - Fax +39/071/97 78 51 - www.elionline.com

Historia de B. Brunetti
Ilustraciones de Luca Poli
Versión española de Pablo Acebron Tolosa

Todos los derechos reservados. Esta publicación no puede ser reproducida, ni total ni parcialmente, ni registrada en, o transmitida por, un sistema de recuperación de información, en ninguna forma ni por ningún medio, ya sea mecánico, fotoquímico, electrónico, magnético, electróptico, por fotocopia o cualquier otro, sin el permiso previo de esta Editorial.

Impreso en Italia - Tecnostampa - Loreto 02.83.244.0

ISBN - **978 - 88 - 8148 - 806 - 3**

Beatriz y Pablo

Beatriz vive en Madrid y estudia Bachillerato en letras en un instituto.

A Beatriz le gusta ir a clase y estudiar. Sus asignaturas preferidas son el inglés y el español. También le gusta, como a todos los jóvenes, salir con sus amigos y divertirse.

Beatriz tiene un montón de amigos y amigas. Sale con ellos el sábado y el domingo por la tarde. Suelen ir a pasear al parque, a dar una vuelta por el centro, a comprar un helado o a ver escaparates pero, sobre todo, hablan y hablan sin parar.

Bachillerato: estudios que se realizan de los 16 a los 18 años, antes de comenzar la universidad
instituto: centro educativo en el que se estudia Bachillerato

asignaturas: materias (matemáticas, lengua, etc.)
escaparates: ventanas muy grandes que tienen las tiendas para que la gente que pasa por la calle vea sus productos

La mayoría de las chicas tiene una amiga especial. Beatriz, sin embargo, tiene un amigo especial. Se llama Pablo. Tiene 16 años, como ella. Es muy alto, casi un metro noventa, y por eso le dicen "Larguirucho".

Pablo no va al mismo instituto que Beatriz. Está haciendo el Bachillerato en ciencias. Una de las asignaturas más importantes es matemáticas.

De hecho, a Pablo le encantan las matemáticas.

Beatriz ha conocido a Pablo en el Planetario.
Pablo va a menudo al Planetario porque le encanta ver las estrellas. Beatriz va también de vez en cuando al Planetario. Dice: "Las estrellas me hacen soñar."

Planetario: lugar desde el que se pueden observar las estrellas, el cielo y los planetas

ACTIVIDADES

1 ¿Qué sabes de Pablo? Señala la respuesta correcta.

1. Pablo es:
   - ❏ alto
   - ❏ bajo
   - ❏ de estatura media

2. Pablo tiene:
   - ❏ 18 años
   - ❏ 12 años
   - ❏ 16 años

3. A Pablo le encantan:
   - ❏ las matemáticas
   - ❏ el inglés
   - ❏ el español

4. Pablo va a menudo:
   - ❏ al Planetario
   - ❏ al parque
   - ❏ al centro

2 Completa las frases con el presente de indicativo de los siguientes verbos:

ir – hacer – ser – mirar – gustar – llamar

1. A Beatriz y a sus amigos les .... pasear por el parque.
2. El mejor amigo de Beatriz se .... Pablo.
3. Pablo .... muy alto.
4. Beatriz y Pablo no .... al mismo instituto.
5. Beatriz .... las estrellas porque le .... soñar.

ACTIVIDADES

3 **Y tú... ¿cómo eres? ¡Háblanos de ti!**

1. ¿Eres alto/a, bajo/a, de mediana estatura? ....
2. ¿Cuántos años tienes? ....
3. ¿Cómo te llamas? ....
4. ¿Dónde vives? ....
5. ¿Cómo se llama tu colegio o tu instituto? ....
6. ¿Qué es lo que más te gusta estudiar? ....

4 **Completa la lista con los días de la semana que faltan.**
Lunes, ..., miércoles, ...,
viernes, ... y ....

5 **Ahora intenta escribir frases usando los siguientes verbos y adverbios:** *estudiar - ir de paseo - mirar las estrellas - leer - ir a clase - ir de compras - a veces - a menudo - nunca - siempre - casi nunca - casi siempre*
Ejemplo: *Nunca voy de compras.*

....
....
....
....
....
....

Es un día soleado de abril. Beatriz y Pablo pasean por el parque mientras se comen un helado de chocolate y hablan.
"Me gusta mucho Nacho..." – dice Beatriz.
"¿Quién es Nacho?" – pregunta Pablo.
Ella lo mira un poco enfadada. ¡Pero si siempre le habla de Nacho! ¿Por qué Pablo nunca se acuerda de su nombre?
"Pablo, sabes perfectamente quién es. Te hablo a menudo de él. Es ese chico tan guapo... ése que me gusta..."
"Ah..." – exclama Pablo mirando al cielo.
Pablo mira al cielo a menudo. Le gusta el cielo incluso cuando no hay estrellas.

soleado: con sol
incluso: también

Beatriz sigue hablando:
"Nacho es guapo... muy guapo..."
"Entonces... ¿por qué no sales con él?" – pregunta Pablo.
Beatriz contesta con tristeza:
"Porque soy fea, Pablo... ¿No ves lo fea que soy?"
Pablo la mira y piensa:
"No, Beatriz, no eres fea, eres guapísima."
Pero no le dice nada.
Pablo es muy tímido. Sabe hablar de matemáticas, de cometas y de planetas, pero le cuesta mucho hablar de cosas personales con las chicas.

tímido: que le cuesta hablar en público y manisfestar sus sentimientos

cometa: estrella con cola que se desplaza a gran velocidad

ACTIVIDADES

1 **Contesta a las preguntas:**

1. ¿Por dónde pasean Beatriz y Pablo? ……………………
……………………………………………………………………
2. ¿Qué están comiendo? ……………………………………
3. ¿Quién es Nacho? …………………………………………
……………………………………………………………………
4. ¿Por qué Beatriz no sale con Nacho? ………………
……………………………………………………………………
5. ¿Qué es lo que piensa Pablo? …………………………
……………………………………………………………………
6. ¿Qué suele mirar Pablo muy a menudo? ……………
……………………………………………………………………

2 **Completa las frases con la forma correspondiente del presente del verbo *ser*.**

1. Beatriz dice: "………… fea."
   Pero Pablo piensa: "Tú no ………… fea,
   ………… guapísima."
2. Nacho ………… un chico muy guapo.
3. Para Pablo no ………… fácil hablar de sus cosas personales.
4. Las estrellas ………… muy importantes para Pablo.

ACTIVIDADES

3 Tacha la palabra intrusa en cada serie.
Ejemplo: *Beatriz – Pablo – Clara – Nacho*

1. sol – estrella – helado – planeta
2. gustar – pasear – mirar – chocolate
3. guapo – parque – feo – alto
4. triste – tímido – enfadado – hablar
5. cielo – ver – mirar – pensar

4 Relaciona cada palabra con la figura correspondiente.

1. ◯ parque
2. ◯ árbol
3. ◯ helado
4. ◯ sol
5. ◯ cielo
6. ◯ chico
7. ◯ chica

Siguen paseando. Pablo empieza a hablar de un libro, ¡un libro sobre las estrellas, naturalmente!
Siempre es bonito escuchar a Pablo cuando habla de las estrellas. Para él las estrellas son algo vivo, mundos hermosos y lejanos... Pero hoy Beatriz le riñe.
"Siempre piensas en lo mismo, en las estrellas", le dice enfadada.
"No es verdad", contesta Pablo. Y susurra:
"También pienso en ti, Beatriz ..."
Pero Beatriz no lo oye y sigue:
"Por eso tienes tan pocos amigos..."
Pablo no responde.
Es verdad que Pablo tiene pocos amigos. No habla mucho, sale poco y cuando sale va al Planetario o de paseo con Beatriz. ¡Pero él es feliz así!

riñe: critica o expresa su desacuerdo de forma seria para que Pablo cambie su comportamiento
susurra: habla con voz muy baja

Beatriz sigue hablando:
"Nunca hablas con nadie..."
"No es verdad... En el Planetario hablo con muchas personas..."
Beatriz ríe:
"Son todos mayores... viejos..."
"¡No es verdad!" exclama Pablo. "Mi amiga Olga tiene veintitrés años..."
"¡Tu amiga Olga está ya en la universidad!" le contesta Beatriz.
"¿Y qué?", pregunta Pablo.
Pero Beatriz no contesta. Está como embobada.
Ve a un chico al otro lado de la calle.
Es él, Nacho. Es alto y tiene el pelo negro.
Pablo piensa:
"¡Oh, no! ¡Ahí está!"
Beatriz empieza a hablar con Nacho.
Pablo está a su lado,
está triste y no dice nada.
Para Beatriz, ahora
sólo existe Nacho.
Nacho habla y habla...
Es simpático y alegre.
Pablo se despide
y se va, pero Beatriz
no lo oye.
Pablo vuelve a casa
triste.

embobada: encantada, como sin sentido

ACTIVIDADES

1 Lee las frases y di si son verdaderas o falsas.

	V	F
1. Pablo piensa a menudo en Beatriz.	❏	❏
2. Beatriz siempre habla de las estrellas.	❏	❏
3. Pablo tiene muchos amigos.	❏	❏
4. La amiga de Pablo se llama Fabiola.	❏	❏
5. Pablo y Beatriz se encuentran con Nacho por la calle.	❏	❏

Ahora corrige las frases falsas.

....
....
....

2 Completa con las terminaciones adecuadas, *-a, -o, -e, -os, -as*.

1. Pablo no tiene much.... amig....
2. Pablo lee libros sobre las estrell....
3. Pablo tiene una amig.... mayor que él.
4. En el Planetario Pablo habla con much.... person....
5. Nacho es simpátic.... y alegr....
6. Nacho tiene el pel.... negr....

ACTIVIDADES

3 Escribe los contrarios de los siguientes adjetivos.

Ejemplo: *bajo – alto*

1. feliz ....
2. negro ....
3. guapo ....
4. mucho ....
5. viejo ....

4 Completa con los pronombres *lo, ella, le, la, él*.

1. Pablo habla pero Beatriz no .... oye.
2. Pablo está al lado de .... pero no dice nada.
3. Beatriz .... contesta que Olga está en la universidad.
4. Pablo escucha a Beatriz y .... mira.
5. Beatriz dice que Pablo no tiene muchos amigos y ..... riñe.
6. Beatriz ve a un chico al otro lado de la calle:
   es ......, Nacho.

Pablo y Olga

Es domingo por la tarde.

Beatriz está en casa porque es el cumpleaños de su hermana. Su hermana se llama Alicia y cumple diez años. A la fiesta van sus tíos y sus abuelos.

Pablo va al Planetario.

En el Planetario se encuentra con Olga.

"¡Hola! ¿Dónde vas tan sola? ¿Dónde está Javier?" Javier es el novio de Olga.

"Javier está con sus amigos."

"¡Pero si hoy es domingo! ¿No salís juntos?"

Olga se ríe:

"Claro, esta tarde. Sabes, Javier trabaja mucho y los domingos le gusta ir al estadio a ver el partido con los amigos."

Olga estudia astronomía en la universidad. A ella también le gustan las estrellas.

Después del espectáculo del Planetario, Pablo y Olga van a un bar a tomar un té.

"Hace tiempo que no veo a tu amiga Beatriz", dice Olga. ¿Sigues saliendo con ella?"

"Sí, a menudo", contesta Pablo.

"¿Pero sois novios?"

"No... no..." dice Pablo poniéndose rojo como un tomate.

"Pero... ¿te gusta?", pregunta Olga.

"Sí, mucho", dice él.

"Y entonces, ¿por qué no le dices nada?"

"¡Porque a ella le gusta otro! Se llama Nacho. Es un chico muy guapo y simpático. A todas las chicas les gusta..."

a menudo: con frecuencia
cumpleaños: fiesta en la que se celebra y recuerda el día en que una persona nació
partido: suele ser de fútbol
rojo como un tomate: muy rojo, porque es tímido

Actividades

1 **Completa el texto.**

Beatriz se queda en .... porque es el
.... de su hermana y hay una fiesta.
Pablo va al .... y allí se encuentra con
Olga. Después van a un .... a tomar un .... y
hablan de Beatriz y de Nacho.

2 **Elije la alternativa correcta para cada frase y escríbela.**

1. Javier va [*al parque*] [*al estadio*] .

....

2. Beatriz [*se queda en casa*] [*está en la escuela*] .

....

3. Pablo va [*a una pizzería*] [*al Planetario*] .

....

4. Nacho [*tiene*] [*no tiene*] mucho éxito con las chicas.

....

5. Pablo habla con Olga [*en un bar*] [*por la calle*] .

....

ACTIVIDADES

3 Lee y completa a continuación el árbol genealógico de Beatriz.

La madre de Beatriz se llama Toñi.
El marido de Toñi se llama Paco.
Alfonso y Carmen son los padres de Paco.
Pedro y Luisa son los padres de Toñi.

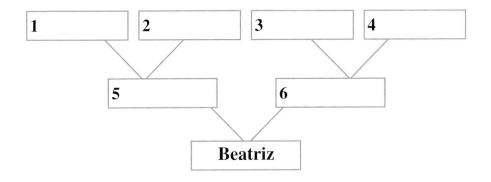

4 Completa las preguntas con:
cómo – dónde – qué – por qué

1. ¿................... va Pablo al Planetario? En autobús.
2. ¿................... está Beatriz? En casa.
3. ¿................... se celebra en su casa? Una fiesta.
4. ¿................... el novio de Olga no está con ella?
   Porque está viendo el partido con los amigos.

Olga lo mira:

"¿Y qué? Tú también eres un chico interesante y guapo", dice.

"No es verdad...", responde Pablo. En realidad no sabe si es guapo e interesante porque nunca se mira al espejo. No quiere saber nada de sí mismo.

"Tienes unos ojos azules preciosos y, además, sabes un montón de cosas interesantes", dice Olga.

Pablo está cortadísimo. Olga lo entiende:

"¡No te cortes!", le dice. "Soy tu amiga y soy mayor que tú. ¡Conozco muy bien estos problemas!"

"En tu opinión, ¿cómo es Beatriz?", pregunta Pablo.

"Guapa", contesta Olga. "Es guapa, simpática y, además, ¡tiene un pelo rojo precioso!"

"Ella siempre dice que es fea y gorda."

"¡Tonterías! ¡Las chicas siempre creen que están gordas! Lo que no me gusta de ella es su forma de vestir. No le queda bien."

"¿De verdad? ¿Y se puede cambiar?", pregunta Pablo.

Olga está sorprendida:

"¿Por qué lo preguntas?"

"Porque el sábado por la tarde hay una fiesta en casa de una amiga de Beatriz. Beatriz va a la fiesta y también va Nacho. Pero Beatriz dice que es fea y está gorda, que por eso Nacho no se fija en ella... En definitiva, está triste y preocupada."

---

cortadísimo: muy cortado, con mucha vergüenza
espejo: es de cristal y sirve para ver la propia imagen
¡No te cortes!: ¡No te avergüences!
un montón: muchas

Y después dice:
"Yo amo a Beatriz y no quiero verla triste."
"De acuerdo, pero... ¡Beatriz puede ponerse de novia con Nacho!"
"Sí, creo que sí."
"Ya entiendo", comenta Olga. "Entonces vamos a hacer una cosa: el sábado por la tarde yo voy a estar en casa. Ven a verme con tu amiga Beatriz."

ACTIVIDADES

1 **Elige la respuesta correcta.**

1. Olga dice que Pablo es:
   - ❏ guapo
   - ❏ bajo
   - ❏ feo

2. Pablo tiene los ojos:
   - ❏ negros
   - ❏ verdes
   - ❏ azules

3. Beatriz tiene el pelo:
   - ❏ rojo
   - ❏ blanco
   - ❏ negro

4. La fiesta es:
   - ❏ en casa de una amiga de Beatriz
   - ❏ en casa de Beatriz
   - ❏ en una discoteca

2 **Busca nueve adjetivos calificativos en la sopa de letras y escríbelos.**

```
J G U A P O W A
O O Z X K F Ñ L
V R O J O E P T
E D E L G A D O
N O A Z U L Q Ñ
A T R I S T E K
```

1. ....
2. ....
3. ....
4. ....
5. ....
6. ....
7. ....
8. ....
9. ....

ACTIVIDADES

3 ¿Qué hace cada día Pablo? Lee y responde.

Lunes: Se queda en casa
Martes: estudiar/biblioteca ....
....
Miércoles: leer/libro de astronomía ....
....
Jueves: ver/Olga ....
Viernes: quedarse/casa ....
Sábado por la tarde: ir/fiesta ....
Domingo: ir/Planetario ....

4 ¿Cuál es el infinitivo de estos verbos?
Ejemplo:
Pablo quiere....   *querer*

1. Olga dice…   ....
2. Pablo es…   ....
3. Nacho baila…   ....
4. Beatriz y Nacho van… ....
5. Pablo puede…   ....

Springbank Community High School

El sábado por la tarde, antes de la fiesta, Beatriz y Pablo van a casa de Olga. Olga los está esperando. Tiene un vestido para Beatriz. Es azul y elegante. Beatriz se pone el vestido: ¡le queda muy bien! También tiene unos zapatos de tacón alto para ella.
Beatriz se mira al espejo y dice: "¡Es verdad! ¡Me queda muy bien!", y ríe.
"¡Ahora a trabajar!", exclama Olga.
Beatriz y Pablo se quedan unas dos horas en su casa. Olga ayuda a Beatriz a prepararse: el maquillaje, un curioso peinado con su largo pelo rojo...
Al final, Beatriz se mira al espejo: "¡Oh, parezco otra persona!", dice.
Es verdad: Beatriz parece otra chica.

le queda muy bien: le está muy bien
tacón: por debajo del zapato, la parte de atrás, que puede ser más alto o más bajo
maquillaje: cosméticos para la cara

Cuando Beatriz y Pablo llegan a la fiesta, Nacho, asombrado, le dice:
"¡Estás guapísima esta noche, Beatriz!"
Pablo piensa lo mismo, pero ahora se da cuenta de que Beatriz puede verdaderamente ponerse de novia con Nacho. ¡Esto sí que es un problema!
Beatriz baila toda la noche con Nacho y se la ve feliz.
Nacho también está feliz.
Sin embargo, Pablo está triste aunque al mismo tiempo se alegra por Beatriz. Sabe que, por fin, Beatriz se siente feliz y segura de sí misma.
Son las doce de la noche. Beatriz se va a casa.
Pablo le pregunta:
"¿Te acompaño...?"
Pero ella mira a Nacho.
Y Nacho, sonriendo, contesta: "La acompaño yo."

asombrado: maravillado
¿Te acompaño?: ¿voy contigo?

ACTIVIDADES

1 **Contesta a las siguientes preguntas:**

1. ¿Cuándo van Beatriz y Pablo a casa de Olga?
....

2. ¿Qué tiene Olga para Beatriz?
....

3. ¿Qué dice Beatriz cuando se mira al espejo?
....

4. ¿Qué dice Nacho cuando ve a Beatriz en la fiesta?
....

5. ¿Quién acompaña a Beatriz a casa?
....

2 **Relaciona cada color con su nombre:**

1. ◯ rojo
2. ◯ blanco
3. ◯ negro
4. ◯ verde

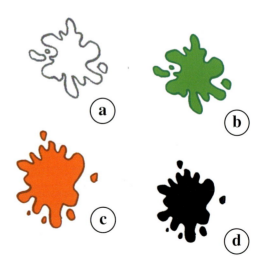

ACTIVIDADES

3 **Completa con los siguientes pronombres personales:**
yo, él, ella, tú.

Beatriz y Pablo van a la fiesta.
.... dice: "........ te veo muy guapa. Y .... ¿cómo te ves?"
Y .... responde: "........ me veo muy bien, pero no sé si le gusto a Nacho."
Cuando llegan a la fiesta, a Nacho le gusta mucho la "nueva" Beatriz. A .... le gustan las chicas muy elegantes. Por eso baila con .... toda la noche.

4 **Relaciona los nombres con las figuras.**

1. ◯ vestido
2. ◯ zapatillas de deporte
3. ◯ jersey
4. ◯ camisa
5. ◯ zapatos de vestir

Beatriz y Nacho

Es el mes de mayo. Beatriz es la novia de Nacho.
Con él va al parque, a la piscina, estudia, escucha música y ve la televisión.
Ahora Beatriz ve a Pablo sólo de vez en cuando. Beatriz pasa todo el tiempo que puede con Nacho.
"¿Estás enamorada de Nacho?", le pregunta Pablo.
"No lo sé...", contesta Beatriz. "Me gusta, pero no sé si lo amo. Amar es una palabra muy fuerte..."
"Sí, es verdad... Amar es una palabra muy fuerte", piensa Pablo.
Pero él sí que ama a Beatriz. De eso está seguro.
Esta tarde Beatriz va al cine con Nacho y sus amigos.
Pablo va al Planetario, naturalmente, y encuentra a Olga.
"Pareces triste", dice ella.
"Estoy triste", afirma él.
"¿Por qué?", pregunta Olga.
"Lo sabes...", contesta Pablo.
"¿Es por Beatriz?"
"Sí..."

estás enamorada: sientes amor
muy fuerte: muy importante (en este caso)

"¿Está saliendo con Nacho?"
"Sí... está siempre con él. Ya casi no la veo."
"¿Cómo es Nacho?"
"Le gustan las chicas, las motos, los coches grandes y la velocidad, la música de discoteca, los videojuegos..."
Olga sonríe.
"Beatriz no puede estar mucho tiempo con una persona así...", dice.

estar saliendo con alguien: empezar a ser novio/a de alguien

ACTIVIDADES

1 **Lee las siguientes frases y responde** *verdadero* **o** *falso*.

	V	F
1. Beatriz está siempre con Nacho.	☐	☐
2. Pablo ama a Beatriz.	☐	☐
3. Pablo va al Planetario y se encuentra con Beatriz.	☐	☐
4. A Pablo le gustan las motos.	☐	☐
5. A Beatriz le gustan los coches grandes.	☐	☐

2 **¿Qué hacen juntos Beatriz y Nacho?**

1. .... la televisión.
2. .... música.
3. .... todo el tiempo juntos.
4. .... al parque y a la piscina.

ACTIVIDADES

3 **Los meses del año. ¿Qué meses faltan?**
   1. enero
   2. febrero
   3. ....
   4. abril
   5. mayo
   6. ....
   7. julio
   8. ....
   9. septiembre
   10. ....
   11. ....
   12. diciembre

4 **Completa con las siguientes preposiciones:** *con, por, a.*

   1. Beatriz y Nacho pasean .... el parque.
   2. En el Planetario Pablo encuentra .... Olga.
   3. Beatriz está siempre .... Nacho.
   4. Va al cine .... él y sus amigos.
   5. Beatriz no sabe si ama .... Nacho.

¡Es lo mismo que está pensando Beatriz en ese momento! Está en el cine con Nacho y sus amigos. La película no le gusta. Es una película sobre motos de carreras. A Nacho le encantan.
A Nacho le gustan muchas cosas que a Beatriz no le gustan.
Beatriz no ve la película. Piensa:
"¿Qué tenemos Nacho y yo en común? Nos gustan cosas muy distintas..."
A Beatriz le gustan los libros, los musicales, el jazz, las flores, la naturaleza y ... las estrellas.
A las nueve de la noche salen del cine.
Beatriz mira al cielo.
"Hay tantas estrellas esta noche...", dice.
Nacho no responde. Se sube a la moto: es nueva y muy rápida.
"¡Uff... las estrellas! ¿Qué tienen de bonito las estrellas?", dice.
"Hablas como tu amigo Pablo."

Y después dice:

"Quiero probar mi nueva moto. ¿Vienes conmigo?"

Beatriz no contesta. Sigue mirando al cielo. Piensa en Pablo.

Nacho insiste:

"Pero bueno, ¿qué pasa? ¿En qué piensas?"

"En nada...", responde Beatriz.

"No es verdad", le dice Nacho.

Beatriz no responde.

Nacho le coge las manos y la mira los ojos.

"Tú no estás bien conmigo", dice.

Beatriz también le mira a los ojos y le dice:

"Es verdad, Nacho. Tú me gustas mucho pero... no tenemos nada en común."

musicales: espectáculos con música
insiste: repite

ACTIVIDADES

1 **Beatriz sale del cine y le escribe una carta a Pablo. Complétala con los verbos** *ser, gustar, tener, estar.*

Querido Pablo:

.... en el cine con Nacho.

Me doy cuenta de que no me encuentro a gusto con él.

No .... nada en común entre los dos.

.... demasiado diferentes.

A mí me .... las mismas cosas que a ti.

2 **Completa con el artículo determinado correspondiente,** *la, el, las, los.*

1. .... película
2. .... moto
3. .... cielo
4. .... estrellas
5. .... libros
6. .... mano

ACTIVIDADES

3 ¿Qué le gusta hacer a Nacho y qué le gusta a hacer a Beatriz?

las estrellas, las motos, los libros, los coches veloces, el jazz, la música de discoteca, los videojuegos, las flores

	A Nacho	A Beatriz
le gusta	....	....
	....	....
le gustan	....	....
	....	....
	....	....

Y a ti, ¿qué es lo que te gusta?

....

....

4 **Relaciona las frases.**

1. ¿Vamos a tomar un té?
2. ¿Vienes al cine?
3. ¡Vamos al Planetario!
4. ¡Buenos días!

a. ¡Buenos días!
b. Sí, gracias.
c. Sí, me encantan las estrellas...
d. ¿A qué hora empieza la película?

Nacho está triste y sorprendido.

¡Él sí ama a Beatriz! Beatriz no es como las otras chicas: habla del mundo y piensa en tantas cosas... pero no lo ama. ¡Pero él no quiere renunciar!

"¡Beatriz, ven conmigo! Sólo por esta noche. Vamos a un sitio tranquilo para poder hablar."

Beatriz acepta.

La moto empieza a correr. Va deprisa, demasiado deprisa.

Pablo vuelve a casa a las doce de la noche. Su madre lo está esperando:
"Pablo", dice, "tu amiga Beatriz está en el hospital."
"¿En el hospital?", exclama Pablo.
"Sí, en el hospital San Carlos."
"¿Qué le ha pasado?"
"Un accidente", dice su madre.
Pablo sale corriendo y en diez minutos llega al hospital.
Beatriz está en la cama, en una habitación con grandes ventanas. Tiene los ojos cerrados y parece que está durmiendo.
Nacho está sentado junto a ella.
"¿Cómo está?", pregunta Pablo.
"Mejor", responde Nacho. "El doctor dice que mañana o pasado mañana puede volver a casa."
Después susurra: "Lo siento... yo me voy..."
Pablo lo mira sorprendido.
Y Nacho añade: "Tú puedes ayudarla. Yo no."
Se levanta y se va.
Pablo se acerca a la cama y toma la mano de Beatriz.

"Te amo", susurra y le da un beso.
Beatriz abre los ojos, mira a Pablo y sonríe. Ahora está bien.

renunciar: decir que no a algo
deprisa: muy rápido
acepta: dice que sí

Actividades

1 **Elige la respuesta correcta.**

1. Beatriz y Nacho tienen un accidente porque
   - ❏ la moto va muy deprisa
   - ❏ Beatriz va muy deprisa
   - ❏ Nacho está triste

2. Beatriz
   - ❏ está mal
   - ❏ está mejor
   - ❏ está grave

3. Nacho
   - ❏ vuelve a casa con Beatriz
   - ❏ está contento
   - ❏ deja a Pablo con Beatriz

4. Pablo
   - ❏ saluda a Beatriz
   - ❏ le da un beso
   - ❏ deja a Beatriz sola

Actividades

2 Ordena las letras y descubre las palabras.

1. A M C A ....
2. N A V E N T A ....
3. P T O L I H S A ....
4. C A T A B I H I N Ó ....
5. O S J O ....

3 ¿Cuál de estos cuatro cuentos te recuerda la historia de Beatriz y Pablo?

❏ Caperucita Roja

❏ La Bella Durmiente

❏ Los tres cerditos

❏ Cenicienta

4 Ahora, intenta contar tú el final del cuento.

....
....

Tres años más tarde

Beatriz y Pablo están en la universidad. Pablo estudia astronomía, naturalmente. Beatriz estudia literatura y lenguas extranjeras.

Ahora Javier y Olga son marido y mujer. Olga trabaja en un importante centro de investigación en Alemania. Javier también trabaja en Alemania.
Olga escribe una postal a Beatriz y Pablo:

¡Hola, chicos!
Javier y yo estamos bien.
Nos gusta vivir en Alemania.
Aquí tenemos muchos amigos.
Para Navidad vamos a España y nos tenemos que ver.
¡Un beso!
                    Olga

Pablo Castro

Concepción Jerónima 28

29035 - Madrid

España

Nacho trabaja en una discoteca. Tiene una nueva novia a la que le encantan las motos, la música, los videojuegos...

Pero Beatriz y él siguen siendo amigos.

Beatriz y Pablo son felices. El futuro se les presenta lleno de amor y de ... ¡estrellas!

ACTIVIDADES

1 **¿Qué hacen ahora Beatriz, Pablo, Olga y Nacho?**
Ejemplo:

Beatriz y Pablo están en la universidad.

   1. Beatriz ....
   2. Pablo ....
   3. Olga ....
   4. Nacho ....

2 **Ahora ordena las siguientes frases para que la historia tenga sentido.**

❑ Beatriz es ahora la novia de Nacho.

❑ Beatriz y Nacho tienen un accidente.

❑ Beatriz y Pablo salen juntos.

❑ Pablo ama a Beatriz pero a ella le gusta Nacho.

❑ En el cine Beatriz se da cuenta de que no está bien con Nacho.

❑ Beatriz va a la fiesta.

❑ En el hospital Pablo besa a Beatriz.

[1] Beatriz tiene un gran amigo: se llama Pablo.

❑ Olga viste a Beatriz para la fiesta y le pone maquillaje.

ACTIVIDADES

3 Ahora haz un resumen de la historia de Beatriz.

....
....
....
....
....

4 ¿Y tú? ¿Tienes un amigo o una amiga especial? Habla de él o de ella.

....
....
....
....
....
....
....

Vocabulario ilustrado

el instituto

el parque

el Planetario

la estrella

el cielo

el planeta

Vocabulario ilustrado

el libro

la fiesta de cumpleaños

el estadio

el espectáculo

el espejo

el vestido

Vocabulario ilustrado

los zapatos

el tacón

el maquillaje

el peinado

la piscina

la moto

Vocabulario ilustrado

el coche

el videojuego

la flor

el hospital

el accidente

la cama

Notas